Michael Butter
Birte Christ

9/11 – Der 11. September 2001

Inhaltsverzeichnis

Die Anschläge und ihre Ursachen

Am 11. September 2001 um 8:46 Uhr flog eine Boeing 767 in den Nordturm des World Trade Centers (WTC). Knapp dreißig Jahre nach seiner Einweihung war das WTC zwar nicht mehr das höchste Gebäude der Welt, aber noch immer ein wichtiges Symbol der Macht der USA und der wirtschaftlichen Dominanz des Westens. Während noch gerätselt wurde, ob es sich bei der Kollision um einen Unfall oder einen Anschlag handelte, flog um 9:03 Uhr ein weiteres Flugzeug in den Südturm des WTCs. Nun war klar, dass es sich um einen Terroranschlag handeln musste, bei dem es nicht nur darum ging, möglichst viele Menschen zu töten, sondern auch darum, Bilder zu erzeugen, die andere Menschen in Angst und Schrecken versetzen sollten.

Wie unvorstellbar diese Anschläge waren, kann man am Gesicht des damaligen Präsidenten George W. Bush ablesen, der zum Zeitpunkt des Anschlags gerade im Begriff war, den

IMAGO / McPHOTO 0116868600

Manhattan vor dem Anschlag.

ullstein bild – AP 00977024

Zerstörung der Twin Towers des World Trade Center (WTC), New York, durch die Einschläge zweier entführter Passagierflugzeuge: Der brennende Nordturm (r.), während in den Südturm das zweite Flugzeug einschlägt, 11. September 2001.

Schüler*innen einer Grundschule in Florida ein Buch vorzulesen, als ihm sein Stabschef die Nachricht vom zweiten Flugzeug ins Ohr flüsterte und folgerte: „Amerika wird angegriffen". Bush las den Kindern dennoch einige Minuten vor, um sie, wie er später erklärte, nicht zu beunruhigen, wurde dann aber schnell an einen sicheren Ort gebracht. Denn den Sicherheitskräften war nun klar, dass der Angriff noch nicht vorüber war.

Um 9:37 Uhr krachte ein weiteres Flugzeug in die Westseite des Pentagons, des amerikanischen Verteidigungsministeriums. Um 9:59 Uhr kollabierte der Südturm des WTC. Wenige Minuten später, um 10:03 Uhr, stürzte bei Shanksville in Pennsylvania der United Airlines-Flug 93 ab. Wie die anderen

ullstein bild – AP 00974523

Präsident George W. Bush erhält in Florida die erste Information, dass ein Verkehrsflugzeug um 8.45 in den Nordturm, ein weiteres um 9.03 in den Südturm des World Trade Center gestürzt ist, 11. September 2001, 9:05 Uhr.

Flugzeuge war auch diese Maschine kurz nach ihrem Start an der Ostküste auf dem Weg nach Kalifornien von Terroristen übernommen worden. Vermutlich sollte sie das Kapitol, den Sitz des US-Parlaments, oder das Weiße Haus treffen. Die Passagiere an Bord erfuhren in Telefonaten mit ihren Angehörigen, welches Schicksal ihnen bevorstand. Sie versuchten, die Kontrolle über das Flugzeug zurückzugewinnen, doch im Verlauf des Kampfes mit den Terroristen, die sich im Cockpit verschanzt hatten, stürzte das Flugzeug ab. Um 10:28 Uhr fiel der Nordturm des WTCs in sich zusammen. Insgesamt starben fast 3000 Menschen an diesem Tag, darunter die 19 Terroristen; knapp 6000 Menschen wurden verletzt.

Alamy/Archive Image C7134X

Das Pentagon, Hauptsitz des US-Verteidigungsministeriums, nachdem ein Flugzeug in das Gebäude gestürzt ist.

Für die meisten Amerikaner*innen kamen die Terroranschläge von 9/11 – dieses Kürzel wurde schnell zur populären Bezeichnung für das Ereignis – im doppelten Sinne „out of the blue“: aus dem strahlend blauen Himmel eines herrlichen Spätsommertags, und – das bedeutet die Redewendung im Englischen auch – völlig überraschend. Es war der schlimmste Angriff auf die USA seit dem Krieg von 1812, als britische Truppen Washington eroberten und das Weiße Haus niederbrannten. Und gerade zu Beginn des 21. Jahrhunderts fürchteten die meisten Amerikaner*innen nichts weniger als einen Angriff auf ihre Heimat. Der Kalte Krieg war seit mehr als einem Jahrzehnt vorbei, und mit ihm war das Schreckgespenst eines Atomangriffs verschwunden. Nach dem Zerfall der Sowjetunion und des Warschauer Pakts in den 1990er-Jahren waren die USA die einzig verbliebene Weltmacht und in den Augen der breiten Öffentlichkeit absolut unantastbar. Die Anschläge des 11. September markierten das abrupte Ende des „holiday from

picture alliance, AP Photo, Gene J. Puskar 106393870

Absturzstelle des United Flight 93, 16. September 2001.

history“ – des Urlaubs von der Geschichte – wie der Kolumnist Charles Krauthammer die Jahre ohne größere Bedrohung zwischen dem Fall der Berliner Mauer und 9/11 später nannte.

Während die Anschläge für die breite Mehrheit der Amerikaner*innen somit völlig aus dem Nichts kamen, waren sie für Sicherheitsexpert*innen und Geheimdienste hingegen wesentlich weniger überraschend, da sich in den Jahren zuvor der islamistische Terrorismus zunehmend als größte Bedrohung der USA herauskristallisiert hatte. Deshalb war den Behörden bereits am Vormittag des 11. September klar, dass nur die Terrororganisation al-Qaida für den Angriff verantwortlich sein konnte. Nur eine Woche vor den Anschlägen war im Nationalen Sicherheitsrat über das Vorgehen gegen die Organisation beraten worden, die seit einigen Jahren regelmäßig amerikanische Einrichtungen angriff und als einzige Terrorvereinigung über die Ressourcen verfügte, um einen Angriff dieses Ausmaßes durchzuführen.

Al-Qaida war eine neue Form der Terrororganisation, da sie aus vielen Gruppen bestand, die in unterschiedlichen Ländern unabhängig voneinander operierten. Gleichzeitig war sie aber auch traditionell organisiert, weil sie eine klare Hierarchie hatte. An ihrer Spitze stand der 1957 in Saudi-Arabien in eine reiche Familie geborene Osama bin Laden, der sich schon in jungen Jahren religiös radikalisierte und eine Selbstreinigung des Islams und den Rückzug des Westens aus der islamischen Welt forderte. Die Bereitschaft, diese Ziele auch mit Gewalt zu erreichen, wurde durch zwei Ereignisse geschaffen: den Kampf gegen die sowjetische Besatzungsmacht in Afghanistan und den ersten Golfkrieg.

Der Einmarsch der Sowjetunion in Afghanistan 1979 löste eine Welle des gewaltsamen Widerstands aus. Islamistische „Gotteskrieger", die sogenannten Mudschaheddin, verwickelten die sowjetischen Truppen in einen jahrelangen Guerillakampf. Logistisch und strategisch unterstützt wurden sie dabei von den USA, die den Konflikt im Kontext des Kalten Krieges sahen und den sowjetischen Einfluss eindämmen wollten. Aus ähnlichen Gründen unterstützte auch Saudi-Arabien die Widerstandskämpfer. Eine Schlüsselrolle fiel hierbei nun Bin Laden zu, der als eine Art Mittelsmann für die saudische Regierung in Afghanistan fungierte. 1988, als der Rückzug der sowjetischen Truppen im Genfer Abkommen besiegelt war, gründete Bin Laden al-Qaida (dt. das Fundament), um die Grundlage für eine Fortsetzung des „Heiligen Kriegs" in anderen Regionen zu schaffen.

Zur Terrororganisation wurde al-Qaida allerdings erst durch den ersten Golfkrieg, den die USA 1991 gegen den Irak unter seinem Diktator Saddam Hussein führten, nachdem dieser das benachbarte Kuwait besetzt hatte. Das US-Militär versammelte seine Truppen in Saudi-Arabien und unterhält seitdem im Land Stützpunkte. Die Anwesenheit „Ungläubiger" in unmittelbarer Nähe der heiligsten Stätten des Islam in Mekka war für Bin Laden, der mittlerweile nach Saudi-Arabien zurückgekehrt war, so unerträglich, dass er das Land wieder verließ und vom Sudan aus mit dem Kampf gegen die USA begann.

Bin Laden finanzierte den ersten Anschlag auf das WTC im Februar 1993, war aber selbst offenbar nicht in die Planungen eingebunden. Bei der Explosion einer Bombe in einer Tiefgarage starben sechs Menschen; über 1000 wurden verletzt. Vermutlich war Bin Laden aber bei Terrorangriffen im Jemen und in Somalia in den folgenden Jahren federführend. Als die USA dem Sudan daraufhin mit Sanktionen drohten, musste er das Land verlassen und kehrte nach Afghanistan zurück. Seine Beziehung zu den Taliban, einer islamistischen Vereinigung, die weite Teile des Landes beherrschte, war nicht immer spannungsfrei, doch der pakistanische Geheimdienst unterstützte Bin Laden. Die Ausbildungslager von al-Qaida im Grenzgebiet zwischen Afghanistan und Pakistan wurden zum Anziehungspunkt für Terroristen aus der ganzen Welt.

Alamy, World History Archive D98JR2

Usāma ibn Muhammad ibn Awad ibn Lādin (Osama bin Laden), 1957/58 – 2. Mai 2011.

Mediennummer 49154489

7. August 1998: Das Attentat auf die US-Botschaft in Nairobi (Kenia) bringt auch Nachbargebäude zum Einsturz.

Im Februar 1998 erklärte Bin Laden den USA offiziell den Krieg. Unterstützt von radikalen Geistlichen verkündete er: „Die Amerikaner und ihre Verbündeten zu töten, ob Zivilisten oder Soldaten, ist eine Pflicht jedes Muslims". Im Sommer desselben Jahres verübte al-Qaida bereits Anschläge auf die US-Botschaften in Tansania und Kenia, bei denen 224 Menschen getötet und knapp 4500 verletzt wurden. Im Oktober 2000 griff das Netzwerk im Hafen von Aden im Jemen das Militärschiff „USS Cole" an und tötete 17 Soldaten.

Die Planungen für die Anschläge von 9/11 waren zu diesem Zeitpunkt bereits im Gange. Organisiert wurden sie für Bin Laden von Khalid Scheich Mohammed, einem Kuwaiti, der in den 1980er-Jahren wie Bin Laden auch für die Mudschaheddin in Afghanistan gekämpft hatte. Fünfzehn der neunzehn Attentäter stammten allerdings wie Bin Laden aus Saudi-Arabien. Die vier Piloten waren schon seit April 2000 in den USA und nahmen Flugunterricht bei privaten Schulen. Die anderen

Terroristen reisten erst im Frühjahr 2001 in die USA ein. Obwohl sie sich nicht immer unauffällig verhielten und zum Beispiel in Las Vegas einen Stripclub besuchten, rutschten sie durch das Netz der amerikanischen Sicherheitsbehörden und konnten den Angriff ausführen.

Auch wenn die Anschläge des 11. September 2001 auf amerikanischem Boden stattfanden und viel mehr Todesopfer forderten als Anschläge auf Amerikaner*innen im Ausland in den Jahren zuvor, sind sie eine Fortsetzung und Steigerung der islamistischen Terroranschläge der 1990er-Jahre. Sie kamen nicht aus dem Nichts, sondern waren das direkte Ergebnis längerfristiger Entwicklungen, die von der breiten Öffentlichkeit so nur nicht wahrgenommen wurden. Die Terroranschläge waren kein radikaler Bruch in der Geschichte. Vielmehr gerieten durch sie bereits lange vorher begonnene Entwicklungen erstmals in das Bewusstsein der Öffentlichkeit. Zugleich wirkten die Anschläge wie ein Katalysator, der diese Entwicklungen weiter beschleunigte.

picture-alliance / dpa | epa afp Honda, 890388

Helfer auf dem Weg zum Unglücksort in New York.

Die direkten Folgen

Am Nachmittag des 11. September hissten Feuerwehrmänner die amerikanische Flagge über den rauchenden Trümmern des WTCs. Ein nationales Flaggenmeer folgte und wurde zum Ausdruck eines neu erwachten Patriotismus, mit dem das Land dem nationalen Trauma trotzte, das die Anschläge verursacht hatten. Die Beschwörung der inneren Einheit und des Selbstverständnisses der USA als Garant der Freiheit in der Welt trugen dazu bei, dass innen- wie außenpolitische Maßnahmen der Bush Regierung nach dem 11. September zunächst breite Unterstützung in der Bevölkerung fanden.

picture-alliance, dpa, epa afp Beth A. Keiser 862085

Rettungskräfte suchen am 13. September 2001 in den Trümmern des World Trade Centers nach Überlebenden.

ullstein bild 00950569

Außenminister Colin Powell präsentiert dem UN-Sicherheitsrat Belastungsmaterial gegen den Irak. Er hält einen Glasbehälter, von dem er behauptet, er könne Anthrax enthalten, 5. Februar 2003.

Eine innenpolitische Reaktion auf die Ereignisse war der PATRIOT Act, der Ende Oktober 2001 verabschiedet wurde, und unter dem Namen USA FREEDOM Act bis heute Bestand hat. Als wichtiger Baustein des ausgerufenen „War on Terror“ – des Kriegs gegen den Terrorismus – erlaubte er es der US-Regierung, die Freiheitsrechte der eigenen Bevölkerung zu beschneiden und beispielsweise Bürger*innen auch ohne Verdacht und richterlichen Bescheid jederzeit überwachen und ihre Wohnungen durchsuchen lassen zu können. Das Heimatschutzministerium, mittlerweile die drittgrößte Bundesbehörde, wurde gegründet, um die Bevölkerung vor terroristischen und anderen Bedrohungen zu schützen. Außenpolitisch beantworteten die USA die Anschläge vom 11. September zum einen mit dem Krieg gegen das von den Taliban regierte Afghanistan, das Bin Laden und al-Qaida unterstützt hatte, und zum anderen mit der Invasion des Irak.

Vier Wochen nach den Anschlägen griffen die USA im Zuge der „Operation Enduring Freedom" Afghanistan an. Schnell eroberten sie die Hauptstadt Kabul sowie die Provinzhauptstädte Kandahar und Kunduz. Bereits Anfang Dezember wurde eine Regierung unter Hamid Karzai installiert. Der Sicherheitsrat der Vereinten Nationen setzte die International Security Assistance Force (ISAF) ein, eine von der NATO und Partnerländern koordinierte Sicherheitstruppe, die den Frieden unter den afghanischen Bevölkerungsgruppen gewährleisten sollte. In den folgenden Monaten gelangen den USA zwar weitere Siege, doch bald darauf organisierten sich al-Qaida und Taliban Kämpfer, von denen viele über die Grenze nach Pakistan ausgewichen waren, neu.

Seitdem herrscht in Afghanistan Bürgerkrieg. Die Vereinten Nationen versuchen, das Land zu befrieden und funktionierende Verwaltungsstrukturen aufzubauen. Auch deutsche Soldaten waren an der UN-Mission in Afghanistan beteiligt. Seit 2010 wurde der afghanischen Armee schrittweise militärische Verantwortung übertragen. Doch immer wieder brachten die Taliban größere Gebiete unter ihre Kontrolle. In den Auseinandersetzungen sind von 2014 bis 2019 mindestens 45.000 Mitglieder der afghanischen Armee ums Leben gekommen; jedes Jahr werden Tausende Zivilisten von den Taliban ermordet; eine noch größere Zahl wird durch die von den Taliban gelegten Sprengfallen verletzt oder sogar getötet. Im Frühjahr 2021 waren noch immer 2.500 US-amerikanische und auch über 1.000 Bundeswehrsoldat*innen in Afghanistan stationiert.

Der Sturz des irakischen Diktators Saddam Hussein war bereits vor den Anschlägen von 9/11 über die Parteigrenzen hinweg erklärtes Ziel der amerikanischen Außenpolitik gewesen. Während definitiv feststand, dass die Taliban al-Qaida unterstützten, waren Verbindungen des Hussein-Regimes zu al-Qaida nicht ersichtlich. Dennoch entschied sich die US-Regierung bereits im Frühjahr 2002, den Irak notfalls allein anzugreifen. Der Kongress verabschiedete einige Monate später ein Gesetz, das es erlaubte, andere Länder präventiv anzugreifen.

Alamy B51YJY

Bagdad April 2003: Eine Statue des irakischen Präsidenten Saddam Hussein wird gestürzt.

Außenminister Colin Powell legte im Februar 2003 im UN-Sicherheitsrat angebliche Beweise dafür vor, dass der Irak über biologische und chemische Massenvernichtungswaffen verfüge und ein Atomwaffenprogramm betreibe. Während unter anderem Deutschland und Frankreich stichhaltigere Beweise forderten, formierten die USA – vor allem unterstützt von Großbritannien unter Tony Blair – eine „Koalition der Willigen", die im Rahmen der „Operation Iraqi Freedom" in der Nacht vom 19. auf den 20. März 2003 Bagdad bombardierte und damit den Irakkrieg eröffnete. Bodentruppen eroberten am 9. April die Hauptstadt.

Wenige Wochen später erklärte Präsident Bush unter einem Banner mit dem Schriftzug „Mission Accomplished" – also: Auftrag ausgeführt – den Irakkrieg für gewonnen. Allerdings ist es bis heute nicht gelungen, den Irak zu stabilisieren. Bis 2011 blieb das Land von der „Koalition der Willigen" besetzt;

ullstein bild – AP 00948525

US-Präsident George W. Bush erklärt in einer Rede auf dem von der „Operation Irakische Freiheit" heimgekehrten Flugzeugträger USS Abraham Lincoln die Kampfphase im Krieg gegen den Irak für beendet: Mission Accomplished.

fast 5.000 Soldaten der Koalition starben, mehr als 30.000 wurden verletzt. Die Schätzungen, wie viele Menschen insgesamt bis zum Rückzug der westlichen Truppen getötet wurden, reichen von 100.000 bis zu einer Million. Nach Abzug der Koalition wurde der Irak zum Standort der Terrororganisation Islamischer Staat (IS). Anders als al-Qaida, deren Ziel es war, den Westen im Ganzen zu besiegen, strebt der IS lokale Herrschaft an. Seit Mitte der 2010er Jahre ist er verantwortlich für islamistische Terroranschläge weltweit, bei denen bisher zwischen 60.000 und 70.000 Menschen ums Leben kamen. Die Attentate auf Moscheen in Sanaa im Jemen 2015 und in Ägypten 2017, die mehrere Hundert Opfer forderten, oder die Serie von Bombenanschlägen am Ostersonntag in Sri Lanka 2019, bei denen über 250 Menschen starben, sind dabei nur die blutigsten.

Mit den Interventionen in Afghanistan und Irak übten die USA nicht nur Vergeltung für die Anschläge des 11. September und versuchten, Strukturen zu zerschlagen, die islamistischem Terror einen Nährboden gaben. Sie folgten auch ihrer ideologischen Mission, Demokratie und Wohlstand in die Welt zu tragen. Dieses Selbstverständnis ist das Ergebnis des Zweiten Weltkriegs, der zweifellos als „good war" – als guter Krieg – angesehen werden kann und die USA zum moralischen Vorbild machte. Doch bereits mit dem Vietnamkrieg kam dieses Selbstbild ins Wanken. Mit den Kriegen in Afghanistan und im Irak zeigte sich dann auf schmerzhafte Weise, dass eine Einteilung in Gut und Böse – hier das „gute" Amerika und seine Verbündeten, dort die „Achse des Bösen" – die Welt nicht nur unzulässig vereinfachte, sondern Krieg und Gewalt sogar anfachte.

Im Januar 2002 bauten die USA ein Gefangenenlager auf dem Marinestützpunkt Guantánamo auf Kuba aus, um dort vermeintliche Terroristen aus Afghanistan zu internieren. Sie schufen damit einen rechtsfreien Raum, in dem mehr als 750 Gefangene ohne adäquaten Zugang zu Rechtsmitteln unter menschenunwürdigen Haftbedingungen festgehalten und unter Folter verhört wurden. In Deutschland erregte vor allem der Fall von Murat Kurnaz Aufmerksamkeit. Kurnaz ist türkischer Staatsbürger und lebte mit seiner Familie in Bremen. Als er sich bei einem Aufenthalt in Pakistan im Herbst 2001 einer sunnitisch-orthodoxen Organisation anschloss, wurde er bei einer Routinekontrolle von der Polizei festgenommen, den amerikanischen Streitkräften ausgeliefert und ohne Anklage von 2002 bis 2006 in Guantánamo interniert.

Im Irak zeigte der Folterskandal im Abu-Ghraib-Gefängnis, wie US-Soldat*innen ihre Macht als Besatzer missbrauchten und gegen Menschenrechte und Menschenwürde verstießen. Im April 2004 berichtete der Fernsehsender CBS erstmals über Folter und Missbrauch von Gefangenen in dem Gefängnis in der Nähe von Bagdad. Wenig später gelangten Bilder an die Öffentlichkeit, auf denen Soldat*innen mit toten und gefolterten

Alamy 2B6AGET

Ali al-Quasi, gefoltert und fotografiert von US-Militärangehörigen im irakischen Gefängnis Abu Ghraib, November 2003.

Gefangenen posierten. Symbolisch für die unvorstellbare Brutalität wurde das Bild von Ali al-Quasi, der auf einer Kiste stehend mit einer schwarzen Kapuze über dem Kopf mit Elektroschocks gefoltert wurde. Andere Bilder zeigten eine Soldatin, die mit nackten Gefangenen und einem angeleinten Häftling posierte. Sie dokumentierten auf verstörende Weise, wie Gefangene in Abu Ghraib systematisch sexuell erniedrigt wurden.

https://georgewbush-whitehouse.archives.gov/

Präsident George W. Bush und sein Nachfolger Barack Obama am 10. November 2008 im Weißen Haus.

ullstein bild 04913578

Der zukünftige Präsident Donald Trump trifft erstmals Präsident Barack Obama im Weißen Haus, 10. November 2016.

9/11 und die Präsidentschaften von Obama und Trump

Bei seiner Wiederwahl 2004 profitierte George W. Bush noch von der Popularität, die ihm seine Reaktion auf die Anschläge eingebracht hatte. Vier Jahre später aber wurden der mittlerweile äußerst unpopulär gewordene Irakkrieg und die im Kontext des „War on Terror“ begangenen Menschenrechtsverletzungen zu einer schweren Hypothek für John McCain, den Kandidaten der Republikaner. Gleiches galt für die Demokratin Hillary Clinton, die ebenfalls die Invasion des Irak befürwortet hatte. So schlug die Stunde des charismatischen Barack Obama, der einen neuen Stil und echte Veränderungen versprach. Die Wechselstimmung im Land war so groß, dass Obama die Präsidentschaftswahl im November 2008 auf jeden Fall gewonnen hätte. Die Finanzkrise, welche die USA im Verlauf des Jahres erfasste und die vor allem den Republikanern angelastet wurde, sorgte allerdings dafür, dass er sogar mit großem Vorsprung gewann – und dass 9/11 und seine Folgen zunehmend in den Hintergrund rückten.

imago 0052697422

Ein Mitarbeiter der Investmentbank Lehman Brothers verlässt nach der Finanzkrise den Hauptsitz in New York mit seinen persönlichen Dingen, 15. September 2008.

Dementsprechend war das erste große Projekt des neugewählten Präsidenten ein Konjunkturpaket, das im Februar 2009 beschlossen wurde und die Folgen der Krise auffangen sollte. Die massiven Investitionen führten zu einem weiteren Anstieg der Staatsschulden, die bereits in den Jahren zuvor aufgrund der Kosten für den „War on Terror" explodiert waren. Obama setzte die geerbten Kriege im Irak und in Afghanistan, wohin er zwischenzeitlich sogar weitere Truppen entsandte, fort. Unter seiner Führung setzte das Militär vermehrt auf Luftangriffe, für die neben Flugzeugen vor allem ferngesteuerte Drohnen eingesetzt wurden. So starben zwar insgesamt weniger amerikanische Soldat*innen, weshalb diese Strategie in den USA durchaus populär war; gleichzeitig stieg aber die Zahl der zivilen Opfer massiv an. Der deutlichste Bruch Obamas mit der Politik von George W. Bush war die Auflösung der Foltergefängnisse, die der Geheimdienst CIA in vielen Ländern betrieb. Obama verbot den Einsatz von Folter und ordnete auch die Schließung von Guantánamo an, konnte diese

Wikipedia U. S. Air Force Bobbi Zapka

Eine Aufklärungsdrohne RQ-4 Global Hawk über Afghanistan, 2007.

Wikipedia White House Flickr Feed Pete Souza

Die politische Spitze in Washington verfolgt die Operation, die zur Tötung Osama bin Ladens führt. Sitzend von links nach rechts: Vizepräsident Joe Biden, Präsident Barack Obama, Brigadegeneral Marshall B. Webb, Joint Special Operations Command, Denis McDonough, stellvertretender Nationaler Sicherheitsberater, Außenministerin Hillary Rodham Clinton, Verteidigungsminister Robert Gates.

jedoch nicht durchsetzen, da der Kongress sich der Entscheidung widersetzte.

Umstritten ist, inwieweit durch Folter gewonnene Erkenntnisse bei Obamas größtem Erfolg im „War on Terror" eine Rolle spielten: der Tötung Osama bin Ladens durch eine Spezialeinheit im Mai 2011 in Abbottabad in Pakistan, wo dieser sich seit mehreren Jahren mit seiner Familie versteckt hielt. Die genauen Hintergründe, wie Bin Laden gefunden wurde und wie der Einsatz ablief, werden wohl nie endgültig geklärt werden. Denn die US-Regierung korrigierte ihre Version mehrfach, und einige der beteiligten Soldaten machten widersprüchliche Aussagen. Fest steht aber, dass der Einsatz ein wichtiger Schritt für Obama auf seinem Weg zur Wiederwahl war.

sz photo 02859541 Jose Giribas

Das „National 9/11 Memorial" in Manhattan am 11. September 2019.

Bin Ladens Tod bedeutete ein Jahrzehnt nach den Anschlägen endgültig das Ende der Zeit, in der 9/11 und seine Folgen die US-Politik beherrschten. Die Bewältigung des nationalen Traumas, das von den Anschlägen verursacht worden war, wurde in den folgenden Jahren durch weitere symbolische Akte markiert. 2014 wurde das National 9/11 Memorial am Ort des ehemaligen WTCs von Präsident Obama offiziell eröffnet; im Mai 2015 folgte in unmittelbarer Nähe die Eröffnung des One World Trade Center, des neuen Wolkenkratzers, der die Zwillingstürme ersetzt. Spätestens damit endete die Debatte darüber, wie an den 11. September 2001 erinnert werden soll und kann. Der „War on Terror" geht zwar bis heute weiter, wird aber seitdem zunehmend losgelöst vom Bezug zu 9/11 geführt.

Diese Entwicklung setzte sich während der Präsidentschaft Donald Trumps fort. Dies zeigte sich zum Beispiel am sogenannten „Muslim Travel Ban", einer Verfügung, die Trump bereits im Wahlkampf angekündigt hatte und kurz nach seinem

8977

Federal Register
Vol. 82, No. 20
Wednesday, February 1, 2017

Presidential Documents

Title 3—

The President

Executive Order 13769 of January 27, 2017

Protecting the Nation From Foreign Terrorist Entry Into the United States

By the authority vested in me as President by the Constitution and laws of the United States of America, including the Immigration and Nationality Act (INA), 8 U.S.C. 1101 *et seq.*, and section 301 of title 3, United States Code, and to protect the American people from terrorist attacks by foreign nationals admitted to the United States, it is hereby ordered as follows:

Section 1. *Purpose*. The visa-issuance process plays a crucial role in detecting individuals with terrorist ties and stopping them from entering the United States. Perhaps in no instance was that more apparent than the terrorist attacks of September 11, 2001, when State Department policy prevented consular officers from properly scrutinizing the visa applications of several of the 19 foreign nationals who went on to murder nearly 3,000 Americans. And while the visa-issuance process was reviewed and amended after the September 11 attacks to better detect would-be terrorists from receiving visas, these measures did not stop attacks by foreign nationals who were admitted to the United States.

Numerous foreign-born individuals have been convicted or implicated in terrorism-related crimes since September 11, 2001, including foreign nationals who entered the United States after receiving visitor, student, or employment visas, or who entered through the United States refugee resettlement program. Deteriorating conditions in certain countries due to war, strife, disaster, and civil unrest increase the likelihood that terrorists will use any means possible to enter the United States. The United States must be vigilant during the visa-issuance process to ensure that those approved for admission do not intend to harm Americans and that they have no ties to terrorism.

In order to protect Americans, the United States must ensure that those admitted to this country do not bear hostile attitudes toward it and its founding principles. The United States cannot, and should not, admit those who do not support the Constitution, or those who would place violent ideologies over American law. In addition, the United States should not admit those who engage in acts of bigotry or hatred (including "honor" killings, other forms of violence against women, or the persecution of those who practice religions different from their own) or those who would oppress Americans of any race, gender, or sexual orientation.

Sec. 2. *Policy*. It is the policy of the United States to protect its citizens from foreign nationals who intend to commit terrorist attacks in the United States; and to prevent the admission of foreign nationals who intend to exploit United States immigration laws for malevolent purposes.

Sec. 3. *Suspension of Issuance of Visas and Other Immigration Benefits to Nationals of Countries of Particular Concern*. (a) The Secretary of Homeland Security, in consultation with the Secretary of State and the Director of National Intelligence, shall immediately conduct a review to determine the information needed from any country to adjudicate any visa, admission, or other benefit under the INA (adjudications) in order to determine that the individual seeking the benefit is who the individual claims to be and is not a security or public-safety threat.

(b) The Secretary of Homeland Security, in consultation with the Secretary of State and the Director of National Intelligence, shall submit to the President

Presidential Documents 8977

Erste Seite der Durchführungsverordnung (Exekutive Order) 13769 des US-Präsidenten vom 27. Januar 2017„Zum Schutz der Nation vor der Einreise ausländischer Terroristen in die Vereinigten Staaten".

Amtsantritt unterschrieb. Der „Muslim Travel Ban" untersagte Menschen aus mehreren muslimischen Ländern für begrenzte Zeit und Flüchtenden aus Syrien sogar dauerhaft die Einreise in die USA. Begründet wurde dies mit der angeblich erhöhten Terrorgefahr, die von Menschen muslimischen Glaubens ausging. Auf die Anschläge von 9/11 wurde dabei allerdings nur vereinzelt verwiesen, was sicherlich auch daran lag, dass Saudi-Arabien, aus dem die meisten Attentäter des 11. September stammten, aufgrund seiner engen wirtschaftlichen und politischen Verflechtungen mit den USA von der Verfügung ausgenommen war. Der Erlass, der vor Gericht zunächst aufgehoben, vom Obersten Gerichtshof in einer überarbeiteten Version aber 2018 mit knapper Mehrheit bestätigt wurde, bediente den in Teilen von Trumps Anhängerschaft vorhandenen Rassismus, den dieser seit Beginn seines Wahlkampfs immer wieder aktiviert hatte. Die Verfügung wurde von Präsident Biden direkt nach seinem Amtsantritt im Januar 2021 aufgehoben.

Trumps Wahl bedeutete auch die Abkehr der USA von der Rolle als „Weltpolizist", der sich in der Pflicht sieht, auf der ganzen Welt für Recht und Ordnung zu sorgen. Trump hatte im Wahlkampf versprochen, militärische Interventionen zu unterlassen und die im Irak und Afghanistan stationierten Truppen abzuziehen. Um dies zu ermöglichen, begannen seine Unterhändler, Friedensverhandlungen mit den Taliban zu führen, die im Februar 2020 in einem Abkommen mündeten. Das Abkommen versprach den Abzug der US-Truppen bis Ende April 2021 und verpflichtete die Taliban zu Friedensverhandlungen mit der Regierung in Kabul. Obwohl dieses Abkommen von den Taliban mehrfach verletzt wurde, hielt Trump an ihm fest und zog bereits kurz vor der Präsidentschaftswahl im Herbst 2020 mehrere Tausend Soldat*innen aus dem Land ab.

Joe Biden gab im April 2021 bekannt, dass er den Abzug weniger schnell vollziehen will, aber grundsätzlich an Trumps Plänen festhält. Der Grund dafür ist, dass der Truppenabzug über die Parteigrenzen hinweg äußerst populär ist. 20 Jahre nach 9/11 ist die Bevölkerung kriegsmüde; die Anschläge sind weitgehend aus dem Bewusstsein verschwunden und werden nicht mehr mit der Operation in Afghanistan in Verbindung gebracht, die deshalb zunehmend sinnlos erscheint. Bidens Ankündigung, dass die letzten Truppen das Land am 11. September 2021 verlassen sollen, soll die Bevölkerung daran erinnern, warum der Krieg überhaupt geführt wurde. Auch soll so der Eindruck erweckt werden, dass die Mission erfolgreich abgeschlossen wurde. Für Afghanistan aber ist der Frieden nach wie vor weit entfernt. Blutvergießen und Leid werden mit dem Abzug der US-Truppen nicht enden.

Während 9/11 für den Großteil der US-Bevölkerung in den letzten Jahren massiv an Bedeutung verloren hat, sind die Anschläge im Bereich der Verschwörungstheorien, wo nichts durch Zufall geschieht, nichts so ist, wie es scheint, und alles miteinander verbunden ist, noch immer von höchster Relevanz. In den Erzählungen vom „Tiefen Staat“, der angeblich im Verborgenen die Strippen zieht und in Trump vermeintlich einen mächtigen Gegner hatte, nehmen die Anschläge des 11. September weiterhin eine zentrale Stellung ein. Ihnen wird unmittelbarer Einfluss auf das, was in der Gegenwart geschieht, zugeschrieben. Entsprechend spielten sie auch eine Rolle bei dem prägenden Ereignis der Ära Trump, das kein Angriff auf die amerikanische Demokratie von außen, wie an 9/11, sondern einer von innen war: dem Sturm auf das Kapitol am 6. Januar 2021 durch einen Mob, der davon überzeugt war, dass die Präsidentschaftswahl vom Herbst 2020 in großem Umfang gefälscht und Trump damit der eigentliche Wahlsieger sei. Verbreitet wurde diese Verschwörungstheorie – am selben Tag bei einer Kundgebung und in den Wochen zuvor über die Sozialen Medien – von Trump selbst. Die Mär vom Wahlbetrug brachte Trump zwar selbst nicht mit 9/11 in Verbindung, doch für viele seiner Anhänger*innen war die Verknüpfung offensichtlich.

Für Amerikaner*innen, die nicht an diese Verschwörungstheorie glauben, sind die Anschläge mittlerweile Teil eines abgeschlossenen Kapitels der nationalen Geschichte. Für die Menschen in vielen anderen Länder hingegen bestimmen die Folgen der Anschläge bis heute das tägliche Leben. Die militärischen Mittel, die die USA einsetzten, um gegen die terroristische Bedrohung vorzugehen, haben weder Afghanistan noch die arabische Welt stabilisiert. Die Revolutionen und

Wikipedia TapTheForwardAssist

Anhänger des amtierenden US-Präsidenten Donald Trump stürmen das Kapitol in Washington D.C., 6. Januar 2021.

Aufstände seit 2010, die in Tunesien begannen, mehr als ein Dutzend arabischer Länder erfassten und den seit 2011 andauernden Bürgerkrieg in Syrien auslösten, sind als direkte Folgen der Destabilisierung der Region durch westliche militärische Interventionen zu sehen. Zunächst verhießen diese Proteste unter dem Stichwort „Arabischer Frühling" einen möglichen Aufbruch in Richtung Demokratie, doch zeugen Gewalt und Menschenrechtsverletzungen in der Region von der Umkehrung dieser Verheißung in ihr Gegenteil. Auch die Entstehung des Islamischen Staats, der al-Qaida als mächtigste Terrororganisation abgelöst hat, sind eine Folge des „War on Terror".

9/11: Die Folgen für Deutschland und Europa

Am 13. September 2001 überschrieb Jean-Marie Colombani seinen Kommentar für die französische Zeitung Le Monde mit den Worten: „Nous sommes tous Américains" – Wir alle sind Amerikaner. Nicht nur Frankreich, sondern ganz Europa stellte sich hinter die USA und verstand den Angriff auf Amerika als einen Angriff auf die westliche Wertegemeinschaft. Am gleichen Tag rief die NATO zum ersten und einzigen Mal in ihrer Geschichte den Bündnisfall aus: der Angriff auf die USA wurde als Angriff auf alle Mitglieder der Organisation gewertet. „Nous sommes tous Américains" wurde jedoch nicht nur zum Ausdruck des Schulterschlusses mit den USA, sondern markierte fast prophetisch, was den Kontinent in den kommenden Jahren erwartete: Wie die USA musste sich Europa nun gegen den globalen Terrorismus wappnen, wie die USA würde Europa in den folgenden Jahren zum Ziel zahlreicher islamistischer Anschläge werden, und wie die USA würde Europa seine Sicherheitspolitik und sein Verhältnis zum Islam neu aushandeln müssen.

Zwar folgte auf den 11. September kein islamistischer Terroranschlag in Europa, der diesem hinsichtlich der apokalyptischen Bilder und der Zahl der Toten gleichgekommen wäre, dennoch reiht sich seit 2001 weltweit ein Anschlag an den anderen. Für Europa besonders traumatisch waren der Bombenanschlag in der Madrider U-Bahn 2004 mit 191 Toten; die Londoner Attentate von 2005 mit über 50 Opfern; die beiden Anschläge in Paris 2015, die 142 Menschenleben forderten; und auch der jüngste Terroranschlag in der Wiener Innenstadt im November 2020, bei dem vier Menschen ums Leben kamen.

sz photo 02416573

Terroranschlag mit einem LKW auf den Weihnachtsmarkt am Breitscheidplatz in Berlin, 19. Dezember 2016.

In Deutschland starben am 19. November 2016 12 Menschen bei einem Anschlag auf den Berliner Weihnachtsmarkt an der Gedächtniskirche. Zudem wurden von den Behörden seit 2001 in regelmäßigen Abständen terroristische Anschläge in Deutschland vereitelt. Im Jahr 2007 stoppte die Polizei beispielsweise die sogenannte „Sauerland-Gruppe"; und im Jahr 2011 die „Düsseldorfer Zelle". Bevölkerung und Politik wurden so in einen andauernden Ausnahmezustand versetzt.

In Deutschland gewann die Bekämpfung des islamistischen Terrorismus dadurch an Relevanz, dass schon wenige Tage nach dem 11. September klar wurde, dass drei der vier Piloten in den 1990er-Jahren als Studenten in Hamburg gelebt und sich dort im Umfeld einer Moschee radikalisiert hatten, bevor sie 1999 in ein al-Qaida-Trainingscamp im afghanisch-pakistanischen Grenzgebiet aufgebrochen waren. Ebenso von

Hamburg aus beantragten sie im Frühjahr 2000 Einreisevisa für die Vereinigten Staaten.

Während in den USA der PATRIOT Act die breitere Überwachung der Bevölkerung im Sinne der Terrorismusbekämpfung rechtlich ermöglichte, wurden ähnliche Maßnahmen in Deutschland vom Bundesverfassungsgericht in Teilen oder gänzlich für rechtswidrig erklärt. Zu diesen Maßnahmen zählte die Rasterfahndung zur Aufdeckung sogenannter „Schläfer“ – also Terroristen, die sich in die deutsche Gesellschaft integrierten, um dann plötzlich zuzuschlagen. Ebenso führte der 11. September zu einer breiten, erbitterten Diskussion – und letztlich zur verfassungsrechtlichen Zurückweisung – der Vorratsdatenspeicherung und des Luftsicherheitsgesetzes, das die Möglichkeit des Abschusses von zivilen Flugzeugen durch die Bundeswehr vorsah, sofern diese als Waffe eingesetzt würden. Insgesamt verabschiedete die Bundesrepublik bis 2008 jedoch über zwanzig Gesetze und internationale Abkommen, die der unmittelbaren Terrorismusbekämpfung dienten.

Deutschland beteiligte sich auch am „War on Terror“. Der damalige Bundeskanzler Gerhard Schröder sicherte Präsident Bush am 12. September 2001„uneingeschränkte Solidarität“ zu. Einige Wochen später nutzte er erfolgreich die Vertrauensfrage als Druckmittel, um die Entsendung von Bundeswehrsoldat*innen nach Afghanistan im Rahmen der „Operation Enduring Freedom“ durch den Bundestag bestätigen zu lassen. Im Februar 2002 begann außerdem der größte Marineeinsatz der deutschen Nachkriegsgeschichte: Deutsche Soldat*innen kontrollierten von Dschibuti aus die Seewege um das Horn von Afrika, um terroristische Aktivitäten zu unterbinden.

Diese Solidarität war jedoch nicht von Dauer. Außenminister Joschka Fischer machte im Februar 2003 unmissverständlich klar, dass ihn die Beweislage für die Existenz von Massenvernichtungswaffen im Irak nicht überzeugte. Wie in allen anderen europäischen Metropolen gab es auch in Berlin eine

Demonstration, auf der 500.000 Menschen gegen eine Invasion des Irak protestierten. Als die USA den Irak mit der „Koalition der Willigen“ angriffen, führte dies zu einem Erkalten der transatlantischen Beziehungen und trieb einen Keil zwischen die Staaten Europas, die sich an der Koalition beteiligten und jenen, die dies vehement ablehnten. Als US-Verteidigungsminister Donald Rumsfeld die Verweigerer als „altes Europa“ bezeichnete, führte dies nicht nur in Deutschland zu einer Welle des Anti-Amerikanismus.

Europa spürte zudem die Folgen der Destabilisierung der arabischen Welt nach dem 11. September in noch ganz anderer Weise als die USA. Gepaart mit einem Misstrauen gegen den „Islam“ nach den Anschlägen von 9/11 führte die große Zahl der Asylbewerber*innen und Geflüchteten aus muslimisch geprägten Ländern – die 2015 in der sogenannten „Flüchtlingskrise“ kulminierte – zu einer starken öffentlichen Reaktion gegen die vermeintliche „Islamisierung“ Europas. Bereits ein Jahr zuvor hatten sich in Dresden die „Patriotischen Europäer gegen die Islamisierung des Abendlandes“ (PEGIDA) formiert. Sie dominierten zunehmend die gesellschaftliche Diskussion durch Großkundgebungen, auf denen sie eine rigorose Zuwanderungs- und eine harte Abschiebepolitik sowie den Schutz der abendländischen Identität und Kultur forderten. Die „Alternative für Deutschland“ (AfD) setzte im Bundestagswahlkampf 2017 auf die Parole „Der Islam gehört nicht zu Deutschland!“ und zog mit über 12 Prozent der Stimmen ins Parlament ein. Die Anschläge des 11. September werden in diesen Debatten heute nur noch selten explizit erwähnt. Dennoch speist sich der antimuslimische Rassismus aus den Anschlägen ebenso wie aus seinen Folgen: dem Scheitern der westlichen Welt, den Ursachen des islamistischen Terrors in seinen Ursprungsländern wirksam entgegenzutreten.

Literatur

Michael Butter, Birte Christ und Patrick Keller, *9/11: Kein Tag, der die Welt veränderte*, Paderborn 2011.

Bernd Greiner, *11. September: Der Tag, die Angst, die Folgen*, München 2011.

Internet

9/11 – die Folgen der Terroranschläge auf die USA. Landeszentrale für politische Bildung Baden-Württemberg, 2021; www.lpb-bw.de.

9/11 und die Folgen: Der Westen hat versagt. Politisches Feuilleton / Archiv, Deutschlandfunk Kultur, 11. September 2019; www.deutschlandfunkkultur.de.

Vor 15 Jahren: Terroranschläge in den USA – 9/11. Bundeszentrale für politische Bildung, 11. September 2016; www.bpb.de.